Hermann Franz Fehse

Estienne Jodelles Lyrik

Hermann Franz Fehse

Estienne Jodelles Lyrik

ISBN/EAN: 9783744643252

Hergestellt in Europa, USA, Kanada, Australien, Japan

Cover: Foto ©ninafisch / pixelio.de

Weitere Bücher finden Sie auf **www.hansebooks.com**

Estienne Jodelle's Lyrik.

Inauguraldissertation

zur

Erlangung der philosophischen Doctorwürde

an der Universität Leipzig

von

Hermann Fehse.

OPPELN,

Eugen Franck's Buchhandlung

Georg Maske.

1880.

Estienne Jodelle verdankt seinen Platz in der französischen Literaturgeschichte fast ausschliesslich seinen Dramen und hat nach jener Seite hin eingehende und erschöpfende Würdigung gefunden in A. Ebert's Entwickelungsgeschichte der französischen Tragödie.

An dieser Stelle soll seine Lyrik in Betracht gezogen werden nach Inhalt und Form. Nach ihrem Inhalte, um ein deutlicheres Bild vom Leben und Charakter des Dichters zu gewinnen, als wir nach den spärlichen und sich zum Theil widersprechenden Nachrichten von ihm besitzen, der Form nach, weil dieselbe, gerade in Literaturepochen, wo die theoretischen Anschauungen noch unklar und schwankend sind, ein sicheres Kriterium liefert für die dichterische Begabung.

I.

Zwei Ereignisse treten .bedeutungsvoll im Leben des Dichters hervor, nämlich sein schneller Erfolg im Jahre 1552 und sein jäher Fall im Jahre 1558, und nach diesen beiden Wendepunkten in seinem Leben lassen sich drei Epochen in seinem innern Entwickelungsgange an der Hand seiner Schriften erkennen.

1. Epoche, 1549—1552. Schneller Erfolg.

Estienne Jodelle wurde im Jahre 1532 zu Paris geboren und führte den Namen Sieur de Limodin, wol von einem Gute, das seine Familie in der Nähe der Stadt besass. Erziehung und Unterricht erhielt er im Elternhause, entweder durch seinen Vater selbst, oder doch unter dessen Leitung, wie wir aus einem seiner Sonette schliessen dürfen:[1])

---

[1]) Sonett überschrieben A la France, Seite 1 des Recueil des Inscriptions. (Ueber den vollständigen Titel dieser Schrift siehe weiter unten.)

Si mon pere a taché de payer le deuoir
Dont l'obligeoit à toy la loi de sa naissance,
En s'efforceant d'aider à chasser l'Ignorance etc.

Um das Jahr 1549 machte er sich durch Gedichte bekannt,
die handschriftlich verbreitet wurden, und trat in Beziehung zu
Ronsard. Diese allerersten Gedichte, von denen sein Herausgeber de la Mothe spricht, sind jedoch verloren gegangen.[1]

Von den erhaltenen Gedichten gehören in diese Zeit die
nach dem Vorgange Du Bellay's unter Nachahmung Petrarka's
gedichteten 47 Sonette, dann mehrere Chansons und 3 Chapitres
in den Amores.

Der Gegenstand der »Amours« Jodelle's war eine hoch-
gestellte Dame, Antoinette de la Beaume-Montreval, damals
Wittwe, später zweite Frau des Baron d'Annebaut de Retz et
de Hunaudaye, der in der Schlacht bei Dreux (1562) fiel; zum
dritten Male verheirathete sie sich mit Albert de Gondi, dem
Günstlinge Karl's IX. Hindeutungen auf die Namen Anne und
Antoinette finden sich im 35. Sonette und im häufigen Spiel mit
dem Worte Retz, das bald rez, bald ray geschrieben ist.[2]

Das Bild der vornehmen Frau scheint Jodelle in allen Gedichten pathetischen Stils vorgeschwebt zu haben (Chapitres,
einigen Chansons, Arriere-Venus), auch feierte er sie in Gelegen-
heitsgedichten, wie in den Stances sur le départ de Madame la
Maréchale de Retz.[3]

Das Verhältniss zu der Dame, wie es in den Sonetten erscheint, ist zum Theil ein fingirtes.[4] Das Thema der Liebe ist
darin in mannigfacher Weise variirt, die Grundstimmung ist vor-
herrschend elegisch; verschmähte Liebe, Ungewissheit, Erwartung,
Macht und Beständigkeit der Liebe sind die Hauptthemen; —
daneben liefern auch äusserliche Veranlassungen und Ereignisse,
die zu seiner Dame Beziehung haben, den dichterischen Vorwurf,
so der Name Diana (Son. 2), Lorbeer, Epheu, Buchs (Son. 14),
ein Armband (Son. 13), ein Portrait (Son. 18, 21), die Devise
»le feu et le nœud« (Son. 8), ein Maibaum (Son. 27, 32), eine

[1] Les Œuvres et Melanges Poëtiques d'Estienne Jodelle, recueillis
par Charles de la Mothe. Conseiller au Grand Conseil, Paris 1574,
in-4°. Alle Citate aus Jodelle sind nach dieser Ausgabe gegeben. Préface, fol. 4: dès l'an 1549 lon a vu de lui plusieurs sonnets, odes et cha-
rontides.

[2] Marty-Laveaux. Les Œuvres et Melanges Poétiques d'Estienne
Jodelle, 2 vol. in-8°. Paris 1868—1870. Siehe Tome II, p. 377, note 89.

[3] Marty-Laveaux. Appendice, tome II, p. 345.

[4] Siehe darüber auch: Du Bellay, Contre les Pétrarquistes.
1543. Tome II, p. 333, éd. M. Laveaux. Baïf, Amours, Dédicace p. 95,
poésies choisies par Becq de Fouquières, Paris, Charpentier, 1874.

Krankheit im Winter (Son. 36), das Osterfest (Son. 46), ein Zu-
sammentreffen in der Kirche, ein Abschied (Son. 32), Trennung
und Wiedersehen (Son. 30, 36) u. s. f.

Wenn auch durch diese Einzelzüge das Grundthema der
Liebe etwas variirt erscheint, so ist doch diese Sonettenpoesie
im Grossen und Ganzen reizlos, weil sie der wahren Empfindüng
entbehrt. Bei der Durchsicht der Hunderte von Sonetten, mit
denen die Dichter des 16. Jahrhunderts zahlreiche Bände ge-
füllt haben, sucht man lange vergeblich nach individuellen Zügen,
denn nur wenige wohlgelungene Sonette tragen den Stempel der
Individualität ihres Verfassers.[1]) Ronsard ist kenntlich durch
plastische Gegenständlichkeit, Du Bellay durch stilistische Ein-
fachheit und Klarheit, Jodelle fällt auf durch Schwung der Gedanken und durch Ringen nach Erhabenheit des Ausdrucks.
Dabei wird sein Stil oft schwülstig, sein Gedankengang verwor-
ren — selten jedoch fehlt der epigrammartige Schluss, den Du
Bellay dem Sonette gegeben haben will. Immerhin stehen Jodelle's
Sonette über denen Remi-Belleau's und den gleichzeitigen Jean de
Baïf's. Die Dichter dieser Zeit besassen zu viel Geist, als dass ihnen
das blosse Spiel mit Formen und Gedanken — denn das war der
Petrarkismus jener Tage — auf die Dauer hätte genügen können.
Durch den Ernst des Lebens, durch wirkliche Leidenschaft ver-
tiefte sich ihre Lyrik, und gerade der Dichter, welcher diese
künstliche Liebespoesie eingeführt hatte, der ernste, gediegene
Du Bellay, war auch der erste, der sie lächerlich machte. Schon
drei Jahre nach der Veröffentlichung seiner petrarkisirenden »Olive«
(unter diesem Namen feierte er eine »Viole«), erschien sein Recueil de Poésies contre les Pétrarquistes, 1553, ein Beweis, wie
schnell sich bei diesen frühreifen, talentvollen Männern die Entwickelung vollzog. Ebenso veröffentlichte Baïf im Jahre 1554
Les Amours de Francine, als Echo einer wahren, wirklichen
Leidenschaft, die ihn ergriffen, im Gegensatz zu der eingebilde-
ten, falschen, welcher seine Amours de Méline in Nachahmung
des Beispiels seiner Freunde entsprungen waren.

Auch Jodelle trat mit einer Opposition gegen seine frühere
Muse hervor. In einer Reihe von Sonetten, »Contr'amours«[*]), wirft
er der früheren Manier den Fehdehandschuh hin und verspottet

---

[1]) Oft muss es dem Herausgeber bei Durchsicht der Manuscripte
schwer geworden sein, den Autor zu bestimmen, und mancher Irrthum
lief unter. So findet sich der Cantique chrétien, fol. 185, auch in Du
Bellay's Werken, und zwar zuerst als Anhang zu einer Ode sur la naissance du petit duc de Beaumont im Jahre 1561 abgedruckt. (Marty-
Laveaux, Œuvres de Du Bellay.)
[*]) Œuvres, fol. 63a.

seine jugendliche Begeisterung für eine hässliche und bejahrte
Frau, die ihre Schönheit einzig der Wirkung seiner feurigen Ein-
bildungskraft verdankt habe.

Diese ganze Art charakterisirt unsern Jodelle. In schnei-
dendem Gegensatze zu Du Bellay kennzeichnet sich in diesen
neuen Sonetten nicht sowohl eine innere Wandlung und Vertiefung, als vielmehr eine Vorliebe für das Neue, Ueberraschende.
Jodelle vertauscht ein Phantasiespiel mit dem andern; wie er
früher im Lichte übertrieben hatte, übertreibt er nun im Schatten,
ohne alle Rücksicht auf den unschuldigen Gegenstand seiner
Poesie. Doch entlockte die neue Tonart seiner Leier auch einige
wirksame Accorde; für die Kritik ist es von Bedeutung, dass
hier zum ersten Male sein Talent zur Satire hervortritt.

Mit Recht sagt sein Zeitgenosse Pasquier in Anerkennung
seiner Leistung bei dieser Gelegenheit: »le seul premier sonnet
faisoit honte à la pluspart de ceux qui se mesloient de Poëtiser,
tant il est hardy.«[1])

Auch darin hat Pasquier Recht, dass er die Veranlassung
zu diesen Sonetten in einem eigenwilligen, heftigen Charakter
findet (esprit sourcilleux).

Die Lust Jodelle's am Opponiren zeigt sich noch bei andern Gelegenheiten. Nach Art der alten Troubadours in ihren
Tenzonen greift er das in zwei Chansons des Ronsard hingewor-
fene Thema auf, um es in zwei Chansons seinerseits zu wider-
legen.[2]) Der Klage Ronsard's über den Verlust der Freiheit des
Liebenden in der Chanson: »Quand j'estois libre« etc. tritt Jodelle mit der Behauptung entgegen, dass es kein süsseres Joch
gäbe, als das der Liebe:

> Sans estre esclave, et sans toutesfois estre
> Seul de mon bien, seul de mon cœur le maistre
> Je me plais à seruir etc.

Die Chanson des Ronsard »Je suis, Amour, le grand maistre des
Dieux« etc. beantwortet er mit jener: »Amour n'est point ce
grand Dieu qui sous soy« etc.

Pasquier spricht seine Freude an diesem poetischen Wett-
kampfe aus, in dem wir jedoch den Angreifer für den Besiegten
erklären müssen — der Anmuth und Klarheit Ronsard's hat Jodelle nur Schwulst und Weitschweifigkeit entgegenzusetzen.

---

[1]) Pasquier, Recherches, liv. VII. chap. 6, édition de 1723.
[2]) Jodelle, Œuvres, fol. 27b und 37. Ronsard, tome I, p. 214 u.
tome IV, p. 131. Edition Prosper Blanchemain, Paris, Jannet 1857.

Uebrigens sind die Chansons Jodelle's[1]) theils erotischen Inhalts (wie jene: O bel œil — fol. 45) und geben den besseren dieser Gattung an Frische, Anmuth und Keckheit nichts nach, theils sind sie didaktischen Inhalts (wie jene fol. 42b und fol. 47) und beweisen des Dichters Vorliebe für philosophisch-didaktische Abhandlungen. Diese Vorliebe kommt indess am besten zur Geltung in seinen, ebenfalls den Italienern nachgebildeten Chapitres (Capitoli), Gedichten in Terzinen (damals Rimes florentines genannt), welche in die französische Literatur eingeführt worden waren von Hugues de Salel (1504—1553) und Melin de St.-Gelais. Jodelle scheint weniger von Melin, dem Gegner der Pleiade, als von Salel beeinflusst worden zu sein, zu dem er in einem freundschaftlichen Verhältnisse gestanden haben muss, wie aus dem Sonette an denselben und aus einem Huitain à la mémoire de Salel vom Jahre 1553 hervorzugehen scheint.[2])

In der formellen Behandlung dieser neuen Gattung übertrifft Jodelle, wie später gezeigt werden wird, seine beiden Vorgänger wie seinen Zeitgenossen Baïf, der sich ebenfalls in derselben versuchte. Es muss befremden, dass Ronsard und Du Bellay bei aller Vertrautheit mit der italienischen Literatur keine Terzinen geschrieben haben, vielleicht abgeschreckt durch die Schwierigkeiten, die die Auffindung der drei gleichen Reime und die Verschlingung derselben boten. Gerade hierin lag ein Reiz für Jodelle, um so mehr als er die Eigenthümlichkeiten seines Stils in dieser Dichtungsform frei entfalten konnte. Der in ungemessener Länge gleichmässig dahinfliessende Strom der Terzinen passte zu seinem in's Breite gehenden periodischen Stile, die künstlich komplicirte Verknüpfung des Reims entsprach der künstlichen Verschlingung seiner Phrase.

Eine gedrängte Analyse seiner 3 Chapitres d'amour wird einen Begriff geben vom stofflichen Gehalte seiner Gedichte:

Chap. 1. fol. 13. 178 Verse. Verherrlichung der Liebe als des in der ganzen Schöpfung wirksamen Agens. Die Liebe ist das Alles Bindende, die Bezwingerin des Chaos und des Widerspruchs, das Attribut der Gottheit. Alles Grosse auf Erden ist ihr Werk, sie erhält die Welt und trägt den Menschen zur Gottheit empor. In der Geliebten des Dichters hat sie sich

[1]) 7 Chansons in den Amours, Œuvres fol. 17, 24, 27b, 34b, 39, 40, 45b. — Die beiden Chansons fol. 42b und fol. 47 gehören in die 2. Epoche.
[2]) Marty-Laveaux, Appendice T. II. p. 337. Salel war Abbé de Chéron in Quercy und hatte 11 Bücher der Iliade übersetzt. Jodelle rühmt im Nachruf seinen tugendhaften Wandel und seine Verdienste um die Uebersetzung Homers.

einen irdischen Wohnsitz erwählt, so dass ihm erlaubt ist, die
Himmelstochter schon auf Erden zu schauen und zu verehren.
Die irdische Erscheinung der Geliebten hat etwas Göttliches, das
zu beschreiben er weder würdig noch fähig ist, — höher jedoch
steht ihm der Geliebten Seele, deren Wesen sich jeder Beschrei-
bung entzieht.
Chap. 2. fol. 16. 103 Verse. Das grösste Leiden ist
Furcht in der Liebe, und zugleich das unnatürlichste, folge-
widrigste; denn Furcht verdient Strafe des Lasters zu sein, nicht
aber Lohn der Liebe. Die Furcht entsteht aus der Ungewissheit des Liebenden über sein Schicksal. — Dieses Stück
zeichnet sich vor den beiden andern aus durch Wärme der
Empfindung.
Chap. 3. fol. 20. 205 Verse. Der Liebe Macht ist un-
widerstehlich, selbst die Beständigkeit wird von ihr zu Fall ge-
bracht. Natur und Vernunft fordern Nachgiebigkeit gegen das
Verlangen der Liebe; thöricht ist der Zwang, den ihr die Gesell-
schaft auferlegt.
Aus vorstehenden Analysen dürfte ersichtlich sein, dass
Jodelle kühne und originelle Gedanken entwickelt, nur wird deren
Wirkung sehr beeinträchtigt durch die zu breite Ausführung.
Ueberhaupt befleissigt sich Jodelle nicht einer plastischen, knappen
Form, sondern gefällt sich in breiten didaktischen Auseinander-
setzungen.[1]
Die Wortfülle und das oratorische Pathos seines Stils, die
Raschheit und Fruchtbarkeit seines Talents erregten die Bewunderung seiner Zeitgenossen in einem hohen Grade. In der That
leistete Jodelle nach dieser Seite hin Erstaunliches. Ununter-
brochen quoll der Strom der Verse aus seiner Feder, mit seinen
gesammten Schriften meinte sein Herausgeber[2] 6 stattliche Bände
füllen zu können; seine Sonette »Contr'amours« sollen sich auf
300 belaufen haben. Kaum hatte man ihm eine Aufgabe gestellt, so hatte er sie auch schon gelöst; oft dichtete er auf dem
Spaziergange oder während der Unterhaltung mit seinen Freunden.
Seine erste Tragödie, Cleopatra, schrieb er in zehn Vormittagen,
seine Komödie Eugène in vier Sitzungen.
Kein Wunder, wenn Pasquier staunend ausruft: »Ronsard
était le premier des Poëtes, mais Jodelle était le démon«, eine
Bezeichnung, die jedenfalls zurückgeht auf die Verse Du Bellay's
im 148. Sonette der Regrets:

---

[1] Dazu vergl. Chapitre à Orlande, fol. 118.
[2] De la Mothe, préface, fol. 5b.

>Mais ie ne sçai comment ce Dæmon de Jodelle
(Dæmon est-il vrayment) tout soudain que ie l'oy,
M'aiguillonne, m'espoingt. m'espouuante, m'affolle,
Et comme Apollon fait de sa prestresse folle
A moymesme m'assaut, me rauit tout à soy‹.

Ein so begabter, von der Bewunderung‹ seiner Freunde
getragener Dichter, durfte sich wohl an die schwierige und
ehrenvolle Aufgabe wagen, eine von Du Bellay[1]) angedeutete
Lücke in der Nationalliteratur auszufüllen und seinem Volke das
Drama nach klassischem Muster zu schenken.

Der Erfolg schien in der That seinen kühnsten Erwartungen
zu entsprechen. Unter dem Beifall des Hofes und der Gelehrten
wurde sein Trauerspiel im Jahre 1552 aufgeführt; der König be-
schenkte ihn mit 500 Thalern, seine Freunde überschütteten ihn
mit den schmeichelhaftesten Lobeserhebungen.[2])

Von dem heiteren, von Geist und Witz durchglühten Leben
der jugendlichen Dichter der Pleiade in jenen Tagen gibt die
von Ronsard besungene Episode vom Feste zu Arcueil ein deut-
liches Bild, wo die von Wein und Poesie erregten Freunde einen
mit Blumen gezierten Bock dem Tragiker als Siegespreis zuführten.[3])

Jodelle stand nun auf der Höhe seines Ruhms: bei Hofe
war er wohlangesehen, von den meisten Gliedern der königlichen
Familie, besonders aber von der kunstsinnigen Margaretha, späteren Herzogin von Savoyen, geschätzt. Zu vielen angesehenen
Edelleuten, unter Anderen zu dem Grafen Dammartin (Ode, œuvres
fol. 306) stand er in freundschaftlichen Beziehungen; der Bischof
von Dol liess seine Tragödien mit grossen Kosten in seinem
Hause aufführen; und dass er auch mit Gelehrten, Künstlern und
angesehenen Männern aus der Bürgerschaft regen Verkehr und ver-
trauten Umgang pflegte, beweisen die Widmungen seiner Gedichte.[4])

2. Epoche, 1552—1558. Jäher Fall.

Das masslos gespendete Lob konnte unmöglich dazu dienen,
Jodelle zur Vertiefung seines Talents zu veranlassen, es stärkte

[1]) Du Bellay, Illustration etc. livre II. chap. IV. f. 24, éd. 1574.
[2]) Pasquier, Recherches, liv. VII. chap. 6. p. 613. A. Ebert,
Entwicklungsgeschichte der französischen Tragödie. Gotha 1856. S. 91.
Marty-Laveaux, Notice, p. XIV.
[3]) Ueber die Episode selbst und ihre Folgen s. M.-L. ebendaselbst.
[4]) De la Mothe, Jodelle, Œuvres, Préface, fol. 5b; A. J. Bapt.
Possevin, sonnet sur les dialogues d'honneur, fol. 121b; A. Claude
Collet, ode sur le IX d'Amadis. fol. 131b; A. Simon l'Archer,
sonnets fol. 112 und 145; A. M. de l'Aubespine, secr. d'état, sonnet
fol. 113; A M. Bourdin, sonn. fol. 180b; A M. Desponce, sonn. fol.
180b; A Montsalez, sonn. fol. 181; A M. d'Alluye, tombeau fol. 184;
Au comte d'Alcinois (Nicolas Denisot) sur ses Cantiques } Appendix.
A Claude Binet, sur ses Pescheries et Bergeries

dichte zu geben; trotz mancher originellen Gedanken und trotz
der Schönheit und Kühnheit einzelner Bilder und Wendungen ge-
währt die Lectüre derselben im Grossen und Ganzen keinen Genuss.
Mit Hülfe einer mühevollen Analyse jeder einzelnen Periode
(siehe weiter unten: Inversionen) muss man sich durch die
labyrinthartigen Verschlingungen seines Stils hindurcharbeiten,
um unter der Spreu die wenigen Waizenkörner hervorzusuchen.
Die spätere Kritik täuschte sich auch keineswegs über die
Schwächen Jodelle's. Schon Pasquier findet in seinen reiferen
Jahren (nach 1574), dass die von De la Mothe veranstaltete
Sammlung seiner Schriften dem Ruhme des Dichters, den er
selbst bei dessen erstem Auftreten mitgefeiert, nicht entsprechend
sei. Der Grund dieses abfälligen Urtheils liegt aber wohl nicht,
wie er meint, in der ungeschickten Auswahl, die der Herausgeber getroffen, sondern in Pasquier's mit der Zeit gereiftem
Geschmacke; dieselben Gedichte, die er als Jüngling bewundert
hatte, fand er als Mann langweilig. Colletet[1]) ruft enttäuscht
aus, nachdem er eine Würdigung der Schriften Jodelle's versucht: Après tout, il y a toujours Jodelle, ie veux dire, toujours
de la négligence et de la dureté prosaïque. Der Gelehrte Nicolas
Bourbon[2]) konnte es nicht über sich gewinnen, Jodelle's Schriften
zu lesen, schon am folgenden Tage schickte er den geliehenen
Band seiner Werke zurück nebst einem Zettel mit der kurzen,
treffenden Kritik: diminuit præsentia famam.[3])
Ein weiterer Grund, dass es Jodelle nicht zu grösserer
Formvollendung brachte, lag in der zerstreuenden Vielseitigkeit
seines Talents. Er rühmt sich desselben in dem Epithalame:

... ie dessine, et taille, et charpente, et massonne.
Je brode, ie pourtroy, ie couppe, ie façonne,
Je cizele, ie graue, émaillant, et dorint.
Je griffonne, ie peins, dorant, et colorant,
Je tapisse, i'assieds, ie festonne, et decore,
Je musique, ie sonne, et poëtise encore.

Im Verlaufe dieses Stücks verräth er durch seine eingehende Darstellung nicht nur eine eingehende Kenntniss der musi-
kalischen Instrumente und ihrer Verwendung, sondern auch der
Bauformen des neuen Stils; die Schilderung der bogentragenden
Gestalten lässt eine genaue Bekanntschaft mit den plastischen
Gebilden Michelangelo's vermuthen. Diese Vielseitigkeit drängte
ihn nach einer Thätigkeit hin, wo er seine Eigenschaften glänzend

---

[1]) Goujet, Bibliothèque française, tome 12. Paris 1748.
[2]) Nicolas Bourbon, geb. 1503. Cf. Baillet, Jugements des Savants.
[3]) Goujet, Bibliothèque fr. ebendaselbst.

image
not
available

l'oraison et de l'histoire; dann liefert sie auch einen schützenswerthen Beitrag zur Beurtheilung seines Charakters. Seine Vertheidigung vermochte indess nicht, den Eindruck der thatsächlich erlittenen Niederlage zu verwischen; zwar feierte er die Prinzessin Marguerite in einer Epître (devant qu'elle fust mariée), fol. 116, und bei Gelegenheit ihrer Verheirathung mit dem Herzoge Philibert von Savoyen (3 Monate nach dem Friedensschlusse von Château Cambrésis — den 3. April 1559) in einem Epithalame, aber an den Hof wurde er zunächst nicht wieder gerufen; denn er klagt in letzterem Gedichte, dass er in unfreiwilliger Verbannung von Hof und Stadt in ländlicher Einsamkeit verkümmern müsse. :

Jodelle befand sich nun in einer vollständig veränderten Lage: sobald die Hofgunst ihre Strahlen von ihm abgewendet, stiess er da, wo man ihm früher Theilnahme und Bewunderung entgegengebracht hatte, auf Kälte und Verachtung. Mancher eitle Höfling, der das kecke, herausfordernde, oft verletzende Wesen des gefeierten Dichters[1] mit stummem Missbehagen ertragen hatte, machte jetzt seinem Ingrimme in lautem Hohne Luft. Gegen diese »Neider«, wie er sie nennt, schleudert er in seiner Schrift die schärfsten Pfeile.

Der vereinsamte Dichter gerieth nun auch in materielle Noth. So lange er gefeiert und von den Grossen gesucht gewesen war, hatte er sich der Sorgen um die Bedürfnisse des Lebens entschlagen, sein dem Vermuthen nach sehr kleines Vermögen war bei seinem jedenfalls jugendlich-lockern Lebenswandel[2] bald aufgezehrt worden, und nun war er, im Alter von erst 26 Jahren, dem empfindlichsten Mangel preisgegeben. Die Missstimmung darüber macht sich in den meisten seiner späteren Schriften in bitteren Klagen Luft.[3] Seine Freunde suchten ihn zu trösten, Ronsard mit leeren Complimenten:

C'est trop que notre grand Prince ignorant ta grandeur
Ne se montre assez grand à ta Muse si grande[4] —;

der charaktervolle Du Bellay durch Hinweis auf die Befriedigung, welche die Musen gewähren:

[1] De la Mothe, Préface, fol. 5[b]: mesprisant philosophiquement toutes choses externes, ne fut cogneu, recherché, n'y aimé que maugré luy, et se fin trop en sa disposition, et en sa ieunesse.

[2] Ebendaselbst: si en ses mœurs particulieres il se fust autant aimé, comme il faisoit eu tous les exercices de son esprit — —

[3] Chapitre à ma Muse, fol. 134. — Ode au comte de Dammartin, fol. 306, wo er sich mit dessen Freundschaft tröstet. — Epître, fol. 116. Zuweilen vergisst er seine Noth über der des Vaterlandes: car riant de mes maux je pleure des publiques. Sonn. à Charles IX, fol. 88.

[4] Im Jahre 1560. Ronsard, Œuvres. Paris, Buon 1584, p. 260.

image
not
available

Waffenhandwerk, verschiedene Male sei er im Begriffe gewesen, die Feder mit dem Schwerte zu vertauschen.[1]

Seine Offenheit bewies er unter Anderm bei Gelegenheit der Masquerade, wo er in der Rolle des Jason sich vor dem Könige scharfe Bemerkungen über das heuchlerische Treiben der Hofleute erlaubte.[2]

Ein schönes Zeugniss für seine unabhängige Gesinnung und seine Freimüthigkeit ist auch das »Chapitre à ma Muse« aus dem Jahre 1558, dessen Inhalt im Schlussverse resumirt ist: »iamais l'Opinion ne sera mon colier.«

Sein Unabhängigkeitsgefühl artete aber nicht in Selbstsucht aus; wie warm er das allgemeine Unglück mitempfand, geht aus der Antwort hervor, die er dem Magistrate gab, der ihn zur Aufführung einer Tragödie beim Empfange des Königs in Paris aufforderte: »Ceste année la Fortune anoit trop tragiquement ioué dedans ce grand echaufaut de la Gaule sans faire encore par les fauls spectacles reseigner les veritables playes«.[3]

So war Jodelle einer von den Wenigen, welche den schreienden Widerspruch zwischen den Lustbarkeiten des Hofes und dem Elende des Landes empfanden. Den Stürmen der Zeit gegenüber[4] kam ihm das Spiel der Muse kleinlich vor. Seinen eigenen bereits vorhandenen Gedichten schenkte er wenig Beachtung, zu einer Herausgabe derselben konnte er sich nicht entschliessen,[5] weil er die Kraft in sich zu fühlen glaubte, noch Grösseres zu leisten. Leider war er schon am Ziele seiner Entwickelung angelangt, und es blieb bei blossen Entwürfen.[6]

Nach wie vor lässt Jodelle seine Stimmung in kleineren Gedichten ausklingen. Die Schärfe seiner Satire wendet er mit Vorliebe gegen die Höflinge, die schon Du Bellay in seinem »Poëte courtisan« zur Zielscheibe seines Sarcasmus gemacht hatte. In Jodelle's Schriften finden sich wiederholt Anklänge an jenes

---

[1] Recueil des Inscriptions. — Sonn. 8, fol. 74. — Epithalame, fol. 52[b].

[2] Ebert, Entwickelungsgeschichte p. 95. — Œuvres, fol. 109.

[3] Inscriptions, fol. 3[b];

[4] Inscriptions: i'ntendois tousiours une meilleure occasion que n'est ce tens tumultueux et miserable.

[5] De la Mothe, Préface, fol. 4. — Agrippe d'Aubigné beklagt diesen Umstand:

> Pauures vers orphelins vostre pere eut grand tort
> Ne vous laissant au moins nourrir apres sa mort
> A quelque bon tuteur.   M.-Laveaux, Notice p. XLIV.

[6] Inscriptions: les unes acheuées, les autres pendues au croc.

image
not
available

Leidenschaftlichkeit, die in diesen Sonetten hervortritt, von jeder Gewaltmassregel abräth; mit Abscheu gedenkt er der Scheiterhaufen, durch die man die Meinungsverschiedenheiten unterdrücken zu können glaubte,[1]) und nur von den Waffen des Geistes hofft er endliche Bekehrung der Irregeleiteten.[2])

Auch im Appendix findet sich ein Sonett über denselben Gegenstand: Sur la Fidélité des Huguenots. Es war jedenfalls entstanden in Nachahmung des Sonetts über Genf in den Regrets Du Bellay's.[3])

Die Dichter der Pleiade nahmen insgesammt, in richtiger Erkenntniss ihrer Stellung, Partei gegen die Hugenotten, durch die sie die Autorität des Königs und das Gedeihen der Künste bedroht sahen. Doch wussten sie bei Gelegenheit wohl die Person von der Sache zu scheiden. Jodelle schrieb ein 7 zeiliges Epigramm auf Ramus, in dem er das Erscheinen seiner Grammatik im Jahre 1562 feierte[4]) und ein 8 zeiliges Epigramm (siehe Appendix S. 339), wo er über die Verliebtheit des Théodore de Bèze scherzt, der sich zwischen 1560 und 1562 in Frankreich aufhielt.

Ob die Dichter der Pleiade später vom allgemeinen Fanatismus mitergriffen wurden und die Helden der Bartholomäusnacht verherrlichten, ist nicht erwiesen. Henri Martin[5]) behauptet es zwar in seiner Geschichte Frankreichs von Jodelle, Dorat, Baïf, freilich nur auf die Autorität des L'Estoile hin (siehe unten), in Jodelle's bekannten Schriften aber ist nichts zu finden, was diese Behauptung bestätigte. Doch soll er epigrammatische Inschriften verfasst haben auf Denksteine, die nach Exekutionen an den Hugenotten errichtet wurden,[6]) auch wird ihm eine Satire auf L'Hôpital zugeschrieben. Letztere steht aber nach Form und Inhalt so tief, dass man Anstand nehmen möchte,

---

[1]) Sonn. 34:
  Mais las! ie pleurerois quand ils pleurent des feux
    Pour une opinion, spectacle trop hideux,
    S'ils n'escriuoyent qu'il faut ardre tout heretique.
[2]) Sonn. 36:
  Mais ie loüe encor plus que cessans tous les feux
    Puis que le nombre est tel, que si ce n'est par eux,
    Et par la raison mesme extirper ne se peuuent:
  De mille escrits sçauans, ingenioux et forts,
    Saints, et pris de Dieu mesme, on face tant d'efforts
    Que d'eux-mesmes d'auoir pitié de soy s'esmeuuent.
[3]) Regrets, Sonn. 183.
[4]) Œuvres, fol. 121b.
[5]) Henri Martin, Histoire de France. Paris, Furne. 1865. Tome IX, p. 335, note 2.
[6]) Marty-Laveaux: Croix de Gastines. (Notice, p. XXXV.)

2

image
not
available

Während das gleichbetitelte Gedicht Ronsard's[1]) einen bukolischen
Charakter hat, spitzt sich Jodelle's Ode zu einer allegorischen
Satire zu; er sieht in dem Könige den Jäger seiner Feinde, der
Hugenotten, die er mit List und Gewalt überwindet und erlegt.

Die letzten Lebensjahre verbrachte Jodelle in Dürftigkeit
und zum Theil auf dem Krankenbette.[2]). Seine letzten Gedichte
aber, an deren Vollendung ihn der Tod hinderte, beweisen, dass
seine Geisteskraft bis zum letzten Augenblicke ungebrochen war.
Dass er aber verhungert sei, wie vielfach auf die Autorität eines
auf seinen Tod verfassten Gedichtes hin angenommen wird,[3])
muss entschieden in Abrede gestellt werden, nachdem neuer-
dings authentische Beweise dafür beigebracht worden sind, dass
er bis an sein Ende vom Hofe mit namhaften Summen unter-
stützt wurde.[4])

Doch waren diese gelegentlichen Spenden des Hofes immerhin nur ein Almosen, das Jodelle, der auf eine des Dichters
würdigere Stellung Anspruch machte, nicht hoch anschlug. Er
sah sich vielmehr in seinen Hoffnungen bitter getäuscht, und gab
diesem Gefühle beredten Ausdruck in einem letzten Sonette,[5])
welches er mit zitternder Stimme kurz vor seinem Ende seinen
Freunden vorsprach. Die Stimmung dieses ganzen Gedichtes
gipfelt im Schlussverse:

Qui se sert de la lampe au moins de l'huile y met.

Die Berichte hugenottischer Schriftsteller, nach denen Jodelle wie ein Atheist gestorben sein soll, den das göttliche
Strafgericht zermalmt, sind nichts als von blindem Parteihass
eingegebene Verleumdungen. In wie gewissenloser Weise der-
gleichen Fanatiker mit der Wahrheit umgingen, beweist L'Estoile's
Beurtheilung des »Discours contre la Riere-Venus«, aus welcher
hervorgeht, dass er dieses Gedicht gar nicht gelesen hatte.[6])

Mehr Glauben verdient eine andere Ueberlieferung, nach
welcher des Dichters letzte Worte waren: Ouvrez-moi ces fenêtres,
que je voie encore une fois ce beau soleil.[7])

---

[1]) Ronsard, Poëmes, vol. VI, éd. Prosper Blanchemain.
[2]) Contre les Ministres de la nouvelle opinion, (Œuvres fol. 72b.
Der Dichter spricht in diesen Sonetten wiederholt von seiner Krankheit.
Bei Discours contre la Riere-Venus, fol. 65, überraschte ihn der Tod.
[3]) Vers funèbres de Th. A. d'Aubigné etc. Marty-Laveaux, Notice.
Ebert, Entwickelungsgesch. p. 96: Jodelle est mort de pauvreté etc.
[4]) Marty-Laveaux, Notice, p. XLI.
[5]) De la Mothe, Préface, fol. 6. Eine Uebersetzung des Sonetts
bei Ebert, p. 96.
[6]) Marty-Laveaux, Notice, p. XXXV.
[7]) Duverdier, Bibliothèque française, éd. 1772 (article Estienne
Jodelle) t. III, p. 503.

2*

image
not
available

ses rhythmischen Elements sehr verschwommen aus. So Du Bellay in »Défense etc.«, 2. Theil, 7. Kap., fol. 27: Et bien que n'ayons cest vsage de pieds comme eux, si est-ce que nous auons vn certain nombre de syllabes en chacun genre de poëme, par lesquelles, comme par chainons, le vers François lié et enchainé, est contraint de se rendre en ceste estroite prison de rythme, soubs la garde, le plus souuent, d'vne coupe féminine etc.

Boileau nennt es »Cadence« in Art poétique I, 104 etc., ein gewisses Etwas, das wesentlich sei, aber undefinirbar und lediglich Sache des rhythmischen Gefühls.

Beim Studium des Accents ist besonders der Zwölfsilbler oder Alexandriner von Wichtigkeit, als der Vers, welcher die reichste rhythmische Gliederung zulässt. Der Alexandriner hat 2 Hauptaccente, den einen auf der sechsten, den andern auf der zwölften Silbe, und mindestens 2 Nebenaccente, doch kann er deren auch 3, selbst 4 haben. Vier Accente sind das Minimum, bei weniger als vier nähert sich der Vers der Prosa; man vergleiche folgende Verse Jodelle's:

Par une opinion | le trait | le plus parfait	fol. 117.
Puis de l'opinion | la vérité | se fait	fol. 117b.
Qui est | la seruitude | et la lubricité	fol. 78b.

Nach Zahl und Stellung der Accente sind folgende Fälle zu berücksichtigen:

1) Bei (2 Haupt- und) 4 Nebenaccenten, also bei 6 Accenten, kommt auf die je zweite Silbe ein Accent, der Vers zerfällt demnach in Gruppen (Füsse) von je zwei Silben, nähert sich also dem jambischen Versmasse. Bei der neuromantischen Schule ist dieser Rhythmus beliebt — bei Jodelle und Genossen kommt er nur vereinzelt vor. In einem Stücke von 25 Versen aus dem Anfange des Chapitre fol. 13, das dieser Untersuchung zu Grunde gelegt werden soll, finden sich nur 2 Verse mit je 6 Accenten[1]):

V. 13. Et voir \| qu'ainsi \| c'est toy \| qui don\|nes tou'te essence.

V. 25. Tu fais \| donc voir \| alors \| que lon \| ne peut \| forfaire.

2) Bei (2 Haupt- und) 2 Nebenaccenten, also 4 Accenten, sind folgende Anordnungen möglich:

    a. die je 3. Silbe ist betont, es entstehen also Gruppen oder Füsse von je 3 Silben,

    b. der Accent ruht in jedem Halbverse auf der 2. und 6. Silbe,

---

[1]) Wenn der Accent auf noch einer andern als der letzten Silbe einer rhythmischen Gruppe liegt, so ist er angedeutet durch das Zeichen der Länge: —.

image not available

In den bis jetzt angeführten Versen gehen, mit einer einzigen Ausnahme in V. 20, der betonten Silbe immer 1, 2 oder 3 tonlose voraus. Verse, die mit der betonten Silbe beginnen, oder in denen 2 betonte Silben neben einander stehen, kommen selten vor; sie sind hart, dem Rhythmus der französischen Sprache zuwider, in welcher der Ton auf der letzten Silbe ruht. So verurtheilt Boileau mit Recht folgenden Vers aus der »Pucelle« des Chapelain, ohne aber die wahre Ursache des Missklangs zu erkennen:

De ce sourcilleux | roc | l'inébranla ble cime;

die Umstellung der Wörter sourcilleux und roc genügt, wie Gramont zeigt, den Vers annehmbar zu machen.

Bei Jodelle finden sich unverhältnissmässig viel solcher Verse, auch im vorliegenden Stücke ausser dem oben angeführten trochäisch beginnenden V. 20 zwei:

V. 16. Que c'est | toy seul | par qui | reluit, | toürn'e et s'enflamme
V. 18. La ter re se maintient, | l'onde, l'air, | et la flamme.

c) Reim.

Jodelle reimt wie Ronsard wesentlich für das Ohr, meist jedoch für Ohr und Auge zugleich. Willkürliche Aenderung der Schreibart zu Gunsten des Reims, ein beliebtes Auskunftsmittel Ronsard's, erlaubt er sich selten. Er bedurfte dessen nicht, ihm kamen die Reime sehr leicht, im Nothfalle gestattete er sich eher eine kleine Ungenauigkeit.

Oft befriedigt er nicht einmal dann das Auge, wo es ihm die schwankende Orthographie seiner Zeit leicht gemacht hätte, vielleicht aber kommt diese Gleichgiltigkeit mehr auf Rechnung des Setzers, als auf die des Dichters. So findet sich: estraint reimend mit ceint, dann aber auch estreint geschrieben (App. Sonn. Amours), traicts, fais, faicts, dann effects und faits u. s. f.; venger, estranger, und vangé, orangé; muette und muete; rond und ront.

In folgender Zusammenstellung auffälliger Reime ist das System Weigand's (Versification française, Bromberg 1871) zu Grunde gelegt worden, insoweit es mit Gramont (Les vers français etc.) in Einklang zu bringen war.

image
not
available

contraindre, moindre, poindre — fol. 14ᵇ.
roide, froide — fol. 38ᵇ und 41ᵇ
raison, foison — fol. 131.
croire, contraire — fol. 3ᵇ sonn. 11.

oi und *oy*:
verrois, roys — fol. 130.
sçauroit, estroit — fol. 3; doit, feroit — fol. 8.
deuois, voix — fol. 129ᵇ.

eu und *u*:
recogneuë, vaincuë — fol. 186ᵇ.
friseure, lieüre, bruslure — fol. 14ᵇ. aperceu, feu — fol. 49.
peust, creust — fol. 28.
seure, heure — fol. 33ᵇ.
seure, heure, meilleure — fol. 36.
asseure, heure — fol. 120ᵇ.
azuré, asseuré — App. Stances.

eu mit *eu (ou)*;
fleuue, treuue — fol. 135; treuuent, abseuuent — fol. 116ᵇ.
preuue, treuue — fol. 18ᵇ; emeuue, treuue — fol. 20ᵇ.
œuures, decœuures — fol. 130ᵇ und fol. 113.

ou mit *ou (eu)*:
pouuoir, plouuoir — fol. 30.

au mit *o*:
hautes, fautes, ostes — fol. 16ᵇ.

Reime auf *er*. Die Endung des Infinitivs der ersten Con-
jugation war volltönend (air), ebenso die Adjectiv- und Substantiv-
endungen -er und -ier. Ronsard schreibt bouclair für boucler
(bouclier) und reimt es mit esclair. Deshalb reimt dieses -er
(air) nie mit -ez (é), wie die Reimfolge im 31. Sonett der Amours
(fol. 8ᵇ) beweist:

$$\left. \begin{array}{l} \text{pass}er \\ \text{pens}er \end{array} \right\} = \text{air,}$$

$$\left. \begin{array}{l} \text{gage} \\ \text{réfu}sez \\ \text{u}sez \end{array} \right\} = \dot{e},$$

image.

Im Einklange damit sind die Reime: voler, air — fol. 40
und fol. 101; parler, l'air — fol. 28ᵇ; arracher, chair — fol. 41ᵇ;
aimer, mer — fol. 38ᵇ; cher, destacher — fol. 4, sonn. 13; cher,
rocher, boucher, — fol. 5ᵇ; chercher, fier, laurier — fol. 27 u. s. w.

c. Diphthonge reimen mit einem einfachen Vokale:
mieux, eux — fol. 30; victorieuse, heureuse — fol. 4ᵇ; bruit,
rit — fol. 32ᵇ; conduite, interdite — fol. 36ᵇ; homicide, cuide
— sonn. 2 (Amours); luire, dire — fol. 21; supplice, puisse —
fol. 4ᵇ; lumiere, frere — fol. 2ᵇ; lierre, serre — fol. 4ᵇ.

image
not
available

Ganz gegen den heutigen Gebrauch fehlt der reiche Reim in den Endungen:

ie: ennemie, vie — fol. 5; unics, vics — fol. 9^b; lie, fuyc — fol. 20^b; monarchie, Turquie — fol. 107.

in: tétin, albastrin — fol. 45^b.

ion: union, suasion — fol. 86.

ier: acier, entier, ouurier, fier — fol. 84^b.

ue: veuë, deuë — fol. 110.

Es finden sich sogar 2 Fälle von Assonanzen:

creus, humours — fol. 56.

œuure, cœuure, treuue — fol. 126^b.

II. Nach Bedeutung.

Das Reimwort muss dem Klange nach **gleich**, der Bedeutung nach **verschieden** sein. Demnach ist der Reim der Homonymes zulässig. Z. B.:

champs, chants — fol. 61;	d'eux, eux — fol. 28^b;
ard, art — fol. 68^b;	grandeur, grand heur—fol. 306^b;
poinct, point — fol. 34;	nés (geboren), nés (Nase) —
face, face (= fasse) — fol. 40;	fol. 129;
pris, pris — fol. 25^b;	fais, fais (= charge) — fol. 42.

Wenn auch bei Reimwörtern eine vollständige **Gleichheit** nach **Klang** und Orthographie zulässig ist, so wird dagegen ein **Gegensatz** der Bedeutung gefordert. Ein solcher ist in folgenden Beispielen, mit Ausnahme des letzten, nicht vorhanden:

(ie) presente, (il) presente — fol. 21;

admireray, admiray — fol. 36^b;

change (subst.), change (verbe) — fol. 17^b;

force » force » — fol. 20^b;

garde » garde » — fol. 21;

bien (adv.), bien (subst.) — fol. 131^b;

estrange (adj.), estrange (verbe) — fol. 33^b;

manie (subst.), manie (verbe) — App. A Voyer.

Zusammengesetzte Wörter mit ihren einfachen, oder mit andern **Zusammensetzungen** desselben Stammes sind nur dann im Reime zulässig, wenn sie der Bedeutung nach völlig verschieden sind. Jodelle nimmt es hierin nicht so genau, es finden sich bei ihm:

zusammengesetzte Verben mit **zus.** Verben: acquise, conquise — fol. 7; decroistre, recroistre — fol. 7^b;

zusammengesetzte Verben mit **einfachen** Verben: print, apprint, éprint, surprint — fol. 12; forfaire, faire — fol. 13; allie, lie — fol. 13^b; consent, sent — fol. 38; dementent, mentent — fol. 134^b; condamne, damne — fol. 39; regarde,

image
not
available

toy, soy — voye, guerroye — fol. 48;

sœur — | mal-seur, asseure, douceur, | heure — bien-heure — fol. 120b;

ainsi — | aussi, vie ici, | hardie, — mélodie — fol. 121; chanté, rapporté — iournée, donnée — fol. 109b;

vie, fourci, aussi, enuie — fol. 130; peine, rameine, — Romains, mains — fol. 127;

laissé, offensé, pensée, forcée — fol. 52b;

Im Sonett fol. 64 sind -gée und -dée als verschiedene Reime aufgefasst: enragée — — changée | outragée — — changée | — — gardée | — — Médée;

Ausserdem: feintise, aprise — seruice, propice fol. 34b — nur durch die Quantität des Reimvokals unterschieden.

iour, amour, cours, tousiours — fol. 129b und decroistre, croist, decroist, recroistre — fol. 7b zeigen denselben Reimvokal in verschiedenen Reimen.

Zur Reimfolge gehört auch das Gesetz des regelmässigen Wechsels von männlichen und weiblichen Reimen, das während des Wirkens Jodelle's zur allgemeinen Geltung kam. In den didaktischen und dramatischen Gedichten der ersten Periode ist dieses Gesetz noch nicht beachtet, im Drama »Didon« jedoch schon zum grossen Theil, und in den Gedichten der zweiten und dritten Periode durchgängig.

Reimspiele. Reimspielereien, als rime renforcée, rime batelée, rime brisée, sucht Jodelle nicht, aber er hat eine Vorliebe für häufige Wiederholung desselben Wortes, und so entstehen oft im Innern oder am Anfange des Verses Anklänge an das Reimwort, oder auch:

1. Der Gleichklang im Beginn auf einander folgender Verse, besonders in den Tragödien, doch auch in den Chapitres: auf fol. 16 beginnt der 1. Vers jeder Terzine 7 mal hintereinander mit ie croy —;

auf fol. 120b beginnen 4 Terzinen mit vous qui — (in einer Periode, die sich durch 13 Terzinen hindurch zieht).

2. Binnenreime:

Et donner au non digne est digne de ta grace
Bien que dignes assez nous nous pouuons nommer
Si dignes tu nous fais et nous daignes aimer. — fol. 186;
Est des vieux et nouueaux ouuriers l'ouurier supreme — fol. 118b;
Hautaine, et sur ton vol hautain plus haut ravie
Cognoistre en ta plus haulte et plus saincte nature — fol. 13b.

3. Gleichklang des Endreims mit Worten im Innern des Verses:

Œil, œil, le plus bel œil — fol. 14b;
Esperent voir de iour en iour le iour — fol. 39b;
Mais ie pourrois plustost, au moins si au besoin — fol. 47b.

image not available

Jodelle's Vorgänger Salel und St.-Gelais hatten, in ängstlicher Nachahmung des italienischen Elfsilblers, ihre Terzinen in Zehnsilblern mit weiblichen Reimen geschrieben. Jodelle wählte den Alexandriner, in den drei Chapitres d'amour mit weiblichen Reimen, in den drei andern Chapitres aber mit regelmässig wechselnden (männlichen und weiblichen) Reimen.

Die Stellung der Schlussreime ist verschieden, nämlich:

abba in vier Capitres fol. 13, 16, 20^b, 118.
abab im Chap. à ma Muse fol. 134.
abcc in den Terzinen in Hyménée fol. 97.

Es ist hervorzuheben, dass Jodelle nach den mehr oder weniger unvollkommenen Versuchen seiner Vorgänger dieser Gattung die Form gab, in der sie bei neueren Dichtern, z. B. Th. Gautier, wieder Aufnahme gefunden hat.

11. **Vierzeilige Strophen**, quatrains — verwendet in einer Chanson, einer Ode, einem Epitaphe auf Cl. Marot und in Printemps, Eté, Automne, Hiuer in »Hyménée«.

a) Einfaches Versmass:

1. **Alexandriner** in Hiuer, Reimstellung mffm.
2. **Zehnsilbler** im Epitaphe, Reimst. mm^{2}m^{2}m.
3. **Achtsilbler** in Printemps, Reimst. mfmf.

b) Gemischtes Versmass:

1. **Alexandriner und Zehnsilbler** [12, 12, 10, 10] in Chanson. Reimst. mmff, 3. Strophe mmm^{2}m^2.

Dieses Versmass ist bei Weigand nicht notirt. Die Dichter vermeiden die Verbindung von Versen ziemlich gleicher Länge, weil dadurch das rhythmische Gleichgewicht gestört wird. Nur in einzelnen Strophen ist es Jodelle durch Verminderung der Accente in den Zehnsilblern gelungen, dieses Gleichgewicht dennoch zu bewahren, z. B.

Je suis | parmi le trou|ble — et le soin | et l'apprest,
Dont un iu|ste deuoir | — rend ici | chacun | prest
A repousser | l'erreur | qui renouuelle
De nous, | sur nous | une guerre cruelle. Fol. 47^b.

Dieselbe Mischung in Automne [10, 10, 12, 12], Reimstellung ffmm.

2. **Zehnsilbler und Achtsilbler** in Eté [8, 8, 10, 10], Reimst. ffmm.

3. **Sechssilbler und Viersilbler** [6, 6, 6, 4], Reimst. ffmm. Dasselbe Versmass hat Ronsard. Durch die drei auf einander folgenden Sechssilbler bekommt es etwas Schwebendes, graziöses, um so mehr als viele Strophen zu einem syntaktischen Ganzen verknüpft sind

image
not
available

4. **Achtsilbler** und **Siebensilbler** [7, 7, 7, 7, 8, 8.] Ode an Olivier de Magny im App. Reimst. f m f m f² f².

Diese Versmischung ist selten, der Siebensilbler verbindet sich nicht gut, am wenigsten mit Achtsilblern.

IV. **Siebenzeilige** Strophen, septains, verwendet in einem Epigramme (fol. 121ᵇ) und in einer Chanson (fol. 45ᵇ).

a) Einfaches Versmass, Epigramme à Ramus, **Alexandriner**, Reimst. f m m f m² m² f.

b) Gemischtes Versmass, Chanson, **Siebensilbler** und **Viersilbler** [7, 4, 4, 7, 7, 7, 7]. Reimst. m m f m f² m f².

In der Regel werden Verse von grader mit Versen von ungrader Silbenzahl nicht gemischt. Das Versmass ist aber hier sehr munter und lebendig, ganz wie es der Gegenstand erheischt. Das Terzett ist als Refrain benutzt (siehe oben p. 210,5.):

O bel oeil, ò blanc tetin,
Teint albastrin
Rouge bouchette.
Les bois, les champs, et les prez
Couuerts de verte herbelette,
Estoient par tout diaprez
De mainte et mainte fleurette.

V. **Achtzeilige** Strophen, unter gewissen Voraussetzungen huitains — verwendet in einem Epitaphe auf Salel, 1 Huitain an Besze, beide im Appendix, in 2 Chansons fol. 34ᵇ und fol. 42ᵇ, in der »Ode de la Chasse« und in einem Stücke in Hyménée fol. 97ᵇ.

a) Einfaches Versmass:

1. **Alexandriner**, Reimst. m f m f f m² m² f, also die, welche der huitain erfordert (Epitaphe). — Eigentlich kommen Alexandriner (und Zehnsilbler) in dieser Strophenform nicht vor. Auch diese Reimstellung war zu Jodelle's Zeiten nicht die übliche, man wendete im huitain nur gekreuzte Reime an.

2. **Achtsilbler**, Ode de la Chasse, Reimst. m f m f m² f² f² m². Chanson fol. 34ᵇ, Reimst. f f m f² f² m f² m; Die Chanson zerfällt in 3 airs zu je 6 Strophen, obgleich die Reimstellung nicht wechselt. Diese letztere Reimst. ist Jodelle eigenthümlich; durch dieselbe erreicht er, ohne sich an die für das huitain vorgeschriebene Form zu halten, die feste Verknüpfung der Verse zu einem Ganzen und völlige Gleichheit der Strophen nach Geschlechtsbeschaffenheit der Reime.

3. **Siebensilbler**, Chanson fol. 42ᵇ. Reimstellung: m m m² m² m³ m³ m⁴ m⁴ — eine misslungene, flüchtig abgefasste Strophenform — die Reimpaare wechseln nicht

3

image

not

available

Strophe ab, in der sich statt der beiden ersten Reimpaare gekreuzte Reime befinden: f m f m.

Jodelle's Strophenbau zeigt in Summa folgende Eigenthümlichkeiten:

1. Abweichende und nicht grade glückliche Versverbindungen,
   und zwar: Alexandriner mit Zehnsilblern, Achtsilbler mit
   Siebensilblern, Viersilbler mit Siebensilblern.
2. Sehr lose Reimverbindungen, als: Verwendung von Reimpaaren, selbst im Quatrain, Nichtbeachtung des Gesetzes
   der Reimfolge, sogar in Ode und Chanson,
3. Vorliebe für die Terzettform, besonders in längeren Strophen.
4. Originelle und glückliche Behandlung des Huitain.

X. Das Sonett. Wenn auch schon Cl. Marot und Melin
de St. Gelais sich im Sonett versucht hatten, so wurde dasselbe doch
erst durch die Dichter der Pleiade nach Du Bellay's Vorgange
in der französischen Literatur heimisch. Auf Hunderte beläuft
sich die Zahl der Sonette bei Ronsard und Du Bellay, und auch
Jodelle hat deren nicht weniger als 180 gedichtet. Der Form nach
lehnen sie sich an diejenigen Du Bellay's an, insofern als sie nach
Petrarca's Muster in den quatrains nur verschränkte Reime ent-
halten und in den Terzetten die Reimstellungen c c d — e d e und
c c d — c c d haben. Die letztere ist eine unregelmässige; denn
während die strenge Sonettenform verlangt, dass die beiden Ter-
zette in ihrer Zusammenfassung nicht eine den quatrains gleiche
Reimstellung bieten dürfen, wiederholt sich hier in d e e d die
Reimst. der quatrains a b b a. Doch grade dieses Schema war
bei den Dichtern des 16. Jahrhunderts das beliebteste, und die
meisten Sonette sind nach demselben abgefasst. In einem einzigen
Sonette wendet Jodelle eine dritte, aber ebenfalls in demselben
Sinne unregelmässige Reimstellung an, nämlich c d d — c c e (Contre
les Ministres somm. 35). Gramont zeigt, dass selbst nach Aus-
schluss dieser unregelmässigen Formen im Französischen immer
noch 13 korrekte Reimstellungen möglich sind, wenn auch nach
dem Gesetze des regelmässigen Wechsels von männlichen und
weiblichen Reimen von den gebräuchlichsten Stellungen der
Italiener (c d e — c d e u. s. w.) abzusehen ist.

Ronsard hat noch eine zweite regelrechte Reimstellung
c d e — d e d, welche Jodelle jedoch nie anwendet. Derselbe
durfte sich, von dem zu seiner Zeit noch nicht allgemein aner-
kannten Gesetze des Reimwechsels (nach dem Geschlecht) unbe-
hindert, noch mehrere andere Reimstellungen erlauben, einmal,
die Anwendung von nur weiblichen Reimen (in 2 Sonetten),
dann, solche in denen der letzte Reim der quatrains und der

Contre les Min.: 1, 3, 5, 7, 9, 11, 13, 15, 17, 19, 21, 23,
25, 27, 33. Paix: 2, 5, 7. Reine Mère: 3 | 1.3. Monsieur:
2 | 1 | 1, 2, 3 | 1, fol. 112, 112b, 177, 121b, 180
sonn. 1, 2; 181b; App.: Alcinois (10 silbl.), Du Bellay.
2c. Amours: 3. C. Amours 7 (10 silbl.). App. Contre les
Huguenots.
2d. fol. 110 sonn. 2. 111 sonn. 5.
2e. C. Am.: 5.
3. Contre les Ministres: 35.

Wie der vorstehende Index zeigt, sind in den längeren So-
nettenreihen die Schemata 2a und 2b fast regelmässig alternirend
verwendet worden.

3. Die traditionellen Regeln.
Cäsur und Enjambement.

Ausser der rhythmischen Cäsur oder derjenigen nach dem
1. Hauptaccent auf der 6. Silbe des Alexandriners kennt die französ.
Verslehre auch eine syntaktische Cäsur, nämlich eine Zerlegung
dieses Verses in 2 gleiche Hälften dem Sinne nach. Ronsard
und Du Bellay waren die Ersten, welche die syntaktische Gliederung erstrebten, Malherbe und Boileau erhoben sie zum Gesetz.[1])
Wie wenig sich Jodelle dieser neuen Fessel fügt, die von den
neueren Dichtern wieder beseitigt worden ist, mögen folgende
Beispiele beweisen:
der Hauptaccent steht vor dem Attribute:

> T'appelant premier-né — des Dieux, forme et idée — fol. 13b.
> Et de Phebe les teints — meslez ensemble olfaco —
> Chap. fol. 15;

vor der Conjunktion:

> Comme i'estois auant — que si fort ie t'aimasse —
> Elégie fol. 49;

auf dem Hilfszeitwort vor dem Infinitiv oder dem Particip:

> L'aile qu'Orlande peut — donner aux vers, est telle —
> Chap. fol. 118b;
> Que si mon amour n'est — par eux bien peint encore.
> Sonnet fol. 1.

auf dem Adverb vor dem Verb:

> Ores si haultement — te suivre, tu la fiches — Chap. fol. 14.

auf dem Verb vor dem Adverb:

> De tout ce que tu peux — infiniment, si est-ce — Chap. fol. 14.

auf dem Verb vor dem régime:

> Quoy que ie couure ou mon — stre amour, iamais n'appaise[2]) —
> Discours, fol. 65b.

---

[1]) Gramont, Vers français, p. 76 und 111.
[2]) Ueber Fälle, wo die Cäsur das Wort zerschneidet, s. Weigand p. 106.

image
not
available

3. Das **Adjectiv** oder **Particip** und seine **Ergänzung**:
    Et toy, Dame, ie croy parauant asseruie
    A la peur, comme moy, suy telle hardiesse — Chap. fol. 17[b];
    Voulant non seulement rendre l'ame rangee
    A un seul ioug, souuent sans desirne sans flamme —
                                                    Chap. fol. 22;
        — car la Raison suiette
    Au desir, trouue l'heur en l'infelicité. —   Chap. fol. 134[b];
    Non plus que des serpons chaque espece prochaine
    Du Basilic, ne peut endurer son huleine — Discours fol. 66[b];
    Dont un iuste deuoir rend ici chacun prest
    A repousser l'erreur.   Chanson fol. 47[b];

4. das **Verb** und seine **Ergänzung**:
        — pour un Mort, qui auecq Mars cherit
    Les Muses, et des deus se rendit fauorit.   Sonn. à Voyer, App.
    Ne voile son beau feu, qui sans fin enlumine
    Nos cœurs, faisant passer par tes yeux ses beaux rais —
                                                    Sonn. 3 (Amours).
    Diane les chiens mene, et aux pans fait entrer
    Ses cerfs —   Sonn. 6;
    Voila ce qui si fort à aimer me contraint
    Celle, à qui i'ay voüé amitié éternelle —   Sonn. 8;
    Telle que ny le temps ny la mort ne sçauroit
· Consommer ny dissoudre un lieu si estroit —   Sonn. 8;
    [Tant qu'en cela qui n'est que demi nostre, dure
    L'amour par le desir], qui d'autant renouuelle
    Sa force, que luy fait l'empeschement d'iniure —
                                                    Chap. fol. 21[b];
    Puis les deux ames sont d'humeurs diuers saisies
    Souuent: car l'Androgyne est tousiours separee —
                                                    Chap. fol. 22;
    Du cruel, de l'auare Enfer les lois faulserent,
    Toute ombre triste, rude, et farouche emmielans —
                                                    Chap. fol. 119[b];
    Si bien que sans aimer i'eusse aisément acquis
    Ton amour, qu'en aimant acquérir ie ne puis —
                                                    Elégie fol. 49[b];
    Ton ame, qui premiere ici bas deuala
    Du monceau des Idees —   Odo fol. 306[b];
        — — enuie qui ne veut
    Souffrir une vertu, qui trop plus qu'elle peut. Ep. fol. 117;
        — mais ne pouuant aimer
    L'autre amour, contre luy ie veux mes chants armer
        — car tout bon cœur ne souffre
    Ce feu. non plus qu'vn feu se degorgeant du souffre
                                                    Discours fol. 66[b];
    Mesmement qu'en viuant ie n'ay du ciel receu
    Aucun bienfait, sinon que quand ce seul bien i'eu —
    Que ie te recogneusse. —   Ode fol. 307.

5. **Copula** und **Attribut**:

    Encor que toy Diane, à Diane tu sois
    Pareille en traicts, en grace, en maiesté celeste —
                                                    Sonn. 4 (Amours).

Das Mittel, den Iliatus durch Einschiebung eines euphonischen Buchstabens zu vermeiden, verschmäht Jodelle zuweilen:

Me renuersera elle au milieu de la place   Chap. fol. 17.

Nach der neuern Prosodie kann das stumme e der Endung nur nach einem Consonanten (wie in *ellĕ*) eine Silbe bilden, nach einem Vokale (wie in *vie*) muss es elidirt werden. Jodelle aber elidirt dieses e nicht immer, z. B.:

La vi͜e non la vie, et repressé encore —   letztes Sonett,
de la Mothe, préface.
Vray Amour, vray͜e Venus   Chanson fol. 27[b];
Or sus donc, vi e — vie efforce maintenant
Ta course —   Epithal. fol. 58[b];

Andrerseits dehnt Jodelle wie Ronsard die Elision auf Fälle aus, wo sie jetzt nicht zulässig ist:

S'on la dit cruelle   · Chanson fol. 30
Que s'elle estoit desia sous l'ombre Elysienne —
Epître fol. 53;
— — encor qu'auec s'amie   » fol. 55;
L'vnité, le principe vniq' de la machine.   Chap. fol. 13[b].

Das stumme e nach Vokal im Innern eines Wortes wird auch bei Jodelle durch Synäresis vom vorhergehenden Vokale absorbirt, z. B. *prie-rai*.

4. Licenzen.

Die Licenzen beziehen sich auf Wahl und Stellung der Wörter.

Beim Wortschatz der Dichter der Pleiade kommen mehr noch als die Entlehnungen aus fremden Sprachen die Provinzialismen in Betracht.[1]) Jodelle's Sprache indessen ist von denselben rein, weil er, allein unter den Dichtern seiner Schule, ein geborener Pariser war und, eine einzige kurze Unterbrechung abgerechnet (1558—1559), immer in Paris lebte. Ronsard hat sich in der Verherrlichung[2]) unseres Dichters diesen Umstand nicht entgehen

---

[1]) Buff. Becq de Fouquières, p. XI.
Là quatre ans je passay façonnant mon ramage
De grec et de latin; et de divers langage
(Picard, parisien, touranjou, poitevin,
Normand et champenois) mellay mon angevin.
[2]) Tu ne deuois, Jodelle, en autre ville naistre,
Qu'en celle de Paris, et ne deuois auoir
Autre fleuue que Seine, ou des Dieux receuoir
Autre esprit que le tien à toute chose adestro.
Ronsard, Œuvres, Paris, S. Buon 1584. p. 250.

— l'amour accoustumé
M'attire mon esprit à plus grand chose né
Me force, et dedans moy ne peut iamais conclure
Que Dieu m'ayant fait tel inutile m'endure (— mo souffre)

Epithalame fol. 53;

2) im Nebensatz.

a. Das Subject ist ein Substantiv:

Que c'est toy seul par qui reluit, tourne, et s'enflamme
Tout rond, et feu celeste, et que sous les cieux mesme
La terre se maintient, l'onde, l'air et la flamme:
Que de toy seul depend toute basse et supreme
Ame, vie. —

Chap. fol. 13;

b. Das Subject ist ein Pronomen:

Mais tu sçais bien aussi, pour neant aurais-tu
Debatu si longtemps —

Chap. fol. 135.

(Erklärt sich durch Auslassung von *que* und Anwendung der Frageform statt der verneinenden Form, also: tu sais que pour néant tu n'aurais pas débattu.)

B. Stellung der attributiven Satzbestimmungen:

1) Das Adjectivum und das adjectivisch gebrauchte Participium:

Elle sent en la langue un forcé mouuement. Disc. fol. 68;
L'obscur Chaos et confus n'auroit fait. — Chans. fol. 37b;
Un obiect en raritez extreme   Chap. fol. 14;
     — l'ame toute —   fol. 15;
Y prend odeur ou coulleur belle   –   App. Chant de Pan.
Oncques traict, flamme ou lacqs d'amoureuse fallace
N'a poingt, bruslé, lié, si dur, froid, destaché
Cœur, comme étoit le mien, blessé, ars, attaché.

App. Amours.

     — le seul corps blesse —   Sonn. 6;

2) ein Relativsatz:

Aussi le desir est la tierce part d'icelle,
Qui dedans elle oäurant — — nous éprand. Chap. fol. 21b.

3) Das Participium:

Que nous auons quasi par nos pechez vaincuê — Cant. fol. 186b;
qui est par l'amour seul unie —   Chap. fol. 13;
Dont l'amour pour deffence a la place munie
Qu'ils ont dedans Paris sa personne assiegee.

App. Huguenots.

J'ay tousiours des hommes esté
Comme des Dieux la volupte.   App. Chant de Venus.
Vous qui causez les auez —   Chanson fol. 27b;

4) der Infinitiv:

Que ce qui peut plus grands les faire.   Ode fol. 130b;
Voila cela que peut telle ame viue et pure
Hautaine, et sur ton vol hautain plus haut rauie,
Cognoistre en ta — nature   Chap. 13b.

S'il pouuoit tout de ses formes orner ——   Chap. fol. 37b;
Ce naturel qu'on voit aux bestes estre —   Chap. fol. 38;
Mais il ne faut que luy seul de nos cœurs
Approprier le trophee il se vienne (= il ne faut que lui seul
— qui vienne s'appropier le trophee de nos cœurs —)
                              Chans. fol. 38b;

5) Das Pronomen:

     — il est d'elle retiree —   Chap. fol. 13;
Tu pourras voir d'elle sur moy la grace —   Chans. fol. 39;
      — — l'erreur qui renouuelle
De nous, sur nous une guerre cruelle —   Chans. fol. 47b;
    3   2   1
De moy viuant l'obiect continuel tu es —   Am. Sonn. 7;

6) Das attributive Substantiv:

Elle est des Empereurs la fine larronnesse
De la grace de Dieu fausse reuenderesse —
                        App. Sonn. à Du Bellay.
                          1

Si quand tu es en terre, ô Diane, ta face.
    4   2
De ta face qui luit dans le ciel, presq'esteint
        3
L'argentine blancheur —   Am. Sonn. 5;

7) Das Object:

  a. Substantiv — direkt:

     -- — nos pechez lauant —
     — — ne vous va poursuiuant —   Cantique fol. 185b;
Qui a peu le seigneur du Ciel fait descendre —   Cant. 5;
Et les membres de Dieu dessus la croix estendre » 5;
  1   5
Ou en quel coin farouchant le vulgaire
   2   4   3
As-tu, Phebus, mon Salel detenu —   App. Sonn. à Salel;
A son los, l'œuil, l'aureille, et la vois ne denie.
                        App. Sonn. à Voyer;
  1   3
Qu' aultre cœur que le mien n'ouure, n'enflamme ou ceint
      2
Dard, brandon ni lien de rigueur plus extreme —
                    App. Sonn. Amours;
    1   2   5
Et ne peult adueuir que le nœu, feu et sang
Qui m'estrainct, me consomme et m'abreuue le flanc
   4   3
Deslie, estraigne, estanche autre que la mort mesme —
                    App. Sonn. Amours.
Qui en l'estat desia reflorissant
Reuerse ainsi qu'au champt reuerdissant
Les heurs, les fleurs dont elle se faict mere —
                    App. Chant de Pan.
Il ne faut point qu' excuse à tes yeux ie presente
Ou deffense, ta grace et les beautez regarde [je]

Cela seul m'est excuse et deffense presente.   Chap. fol. 21;
Mesme aux amours plus vrais la Musique attisant,
[= si la musique attise aux. —]

$$5 \qquad\qquad 4$$

Au cœur, au chef ému, le desir, la memoire,

$$2 \quad 1 \qquad\qquad 3$$

Va l'apprehension viuement embrasant —   Chap. fol. 120;

Doppelter Accusativ:

Si mesme dans ton temple impatient ie voy
Quelque enrollé corbeau croüasser deuant toy —
    Ep. fol. 116b;

Indirect:

Pour plus à ton sainct ioug de grands ames acquerre
Pour à toy les grands cœurs par tel organe attraire. Fol. 14 ;
Comment? A qui les Arts et les Armes manie
En ce tens, le merite et le vray los perit. App., A. Voyer.
Amour qui est de tout le seul ouurier supréme

$$1 \qquad\quad 4 \qquad\qquad 3$$

A d'eternelles loix les choses perdurables

$$2$$

Estreintes, s'exemptant de toutes loix soy-mesme —
    Chap. fol. 21b;

    Mesme aux Dieux la malice,
    La rage et l'iniustice,
    Et cet ardeur de faire
    Outrage aux innocens,
    Ne peut plaire, mais plaire
    A luy seul ie les sens. —   Chanson fol. 25;

$$1 \qquad\qquad 4$$

Je ne seruirois plus fors qu' à ton sacré los

$$2 \qquad\qquad 3$$

D'inciter languissant les esprits plus dispos —
    Ep. fol. 117b;

b. Pronomen:

Et si le faux Discord de luy nous vient distraire —
    Chap. fol. 13b;

C. Stellung der adverbialen Satzbestimmungen.

Par qui fut, toute chose en ordonnant guidee,

$$1$$

En son lieu le plus propre, et par force amoureuse,

$$2$$

Sans que rien restast vain, l'une de l'autre aidee.
    [vain = desert]   Chap. fol. 13b;
De l'halcine et non pas du regard, comme on feint,
Ce royal serpenteau la vie en eux esteint:
    [serpenteau = Basilisc]   Discours fol. 66b;
    [aurois-tu]
        dedans ma pensee
De toute Ambition le pouuoir combatu?   Chap. fol. 135.
Et moy ie recognoy dans si haute deesse,
    [= object de mon amour]

(Qui est l'œuure et suiect où mon ame se range
Et de tes raritez la rarité maistresse)   [tes ⸚ amour]
Je ne sçay quoy tant beau, tant diuin, tant estrange,
Qu' auecques toy, ie croy, ie suis forcé la dire
     [la dire = l'appeler]
Le mieux de tout ton mieux, le plus de ta louange. —
                                        Chap. fol. 14 ;

Vorstehende Verse (fol. 14) sind angeführt wegen der Dunkelheit und Unbestimmtheit der Beziehungen.

Die Präposition ist getrennt vom Infinitiv:

L'autre esmouuoir les Rois de ces deux honorer
[l'autre = l'amour; ces deux = la vertu et la science.]
                                        Epithalame.
Ou pour au milieu de leur bien
Auoir voulu trop entreprendre —   Ode fol. 122[b] ;
L'autre pour ton pourtrait gardien vouloir prendre —
                                        Epître fol. 116[b] ;

6. Metrische Verse.

Auch auf diesem Gebiete ging Jodelle kühn mit dem Beispiele voran, denn nach Pasquier's Zeugniss war er der Erste, der ein Distichon in französischer Sprache dichtete.[1]) Aber der methodische Geist und eiserne Fleiss Baïf's gehörte dazu, um die völlige Umgestaltung der französischen Metrik nach dem quantitirenden System zu versuchen.

Im Gedichte des Letzteren »Aux Poëtes français« (1574) wird Jodelle bei Aufzählung der Gönner und Beförderer der Bestrebungen Baïf's nicht mit genannt, vielleicht aus Eifersucht nicht, denn längere und kürzere metrische Gedichte auch aus späteren Jahren beweisen, dass er dieser Liebhaberei treu geblieben ist.

Ausser dem citirten Distichon vom Jahre 1553 schrieb Jodelle um das Jahr 1558 oder 1559 vier Distichen zur Einführung seiner »Epître à Me Marguerite de France« etc. fol. 116 — und im Jahre 1567 begrüsste er das 1. Buch der »Météores des Baïf« (in einem Sonette und) in einer Elegie »A la France« in 18 Distichen, fol. 115.

Ferner finden sich in »Hyménée«, verfasst im Jahre 1570, zwei Gedichte für den Gesang bestimmt, wovon das eine in sapphischen

---

[1]) Pasquier, Recherches, livre VII, chap. 12, auch E. Tabourot in Bigarrures ingénieuses, chap. 13. Cf. Goujet, Bibl. t. 12.
   Das Distichon heisst:
     Phebus, Amour, Cypris, veult sauuer, nourrir et orner
       Ton vers, cueur, et chef, d'ombre, de flame, de fleurs.
                                        Fol. 114[b].

Strophen geschrieben ist, gereimt, aber nicht metrisch, sondern in französischen Elfsilblern, das andere dagegen besteht aus asklepiadeischen Versen, in Reimpaaren und metrisch nach dem Schema:

$$-\; -\; |\; -\; \smile\smile\; -\; |\; -\; \smile\smile\; -\; |\; \smile\; -$$

Das letztere Stück zeigt recht deutlich die innige Verwandtschaft des asklepiadeischen Verses mit dem Alexandriner. Ob sich Jodelle derselben bewusst war? Ein Streben, den Alexandriner dem antiken Verse zu nähern durch Vermehrung der Hebungen bis auf 6, tritt freilich bei ihm ebensowenig hervor wie bei seinen Zeitgenossen.

In seinen Hexametern und Pentametern sind die Daktylen oft durch Spondeen ersetzt, in den Hexametern besonders häufig im 3. und 4. Fusse. Das gebräuchlichste Schema ist:

a) für die Hexameter: $-\smile\smile\,|\,-\smile\smile\,|\,-\,|\,-\,|\,-\,-\,|\,-\smile\smile\,|\,-\,-$

dann: $-\,-\,|\,-\smile\smile\,|\,-\,|\!|\,-\,|\,-\smile\smile\,|\,-\smile\smile\,|\,-\,-$

und: $-\smile\smile\,|\,-\,-\,|\,-\,|\!|\,\smile\smile\,|\,-\,-\,|\,-\smile\smile\,|\,-$

b) für die Pentameter: $-\,\widehat{\smile\smile}\,|\,-\,\widehat{\smile\smile}\,|\,-\,|\,-\,|\,-\,\smile\smile\,-\,|\,\smile\smile\,-$

Auch in diesem formellen Theile kehren die schon aus dem Inhalte der Schriften Jodelle's erkannten Charakterzüge wieder. Die Lust am Originellen tritt hervor in manchem kühnen Versuche, in Neuerungen auf dem Gebiete des Strophenbaues und in der eifrigen Pflege neuer Gattungen, als der Terzine und des Sonetts. Natürliche Ungebundenheit bewahrte Jodelle vor unnützen Künsteleien, als Beachtung der syntaktischen Cäsur und Vermeidung des Enjambement; Flüchtigkeit und theoretische Unklarheit aber beeinträchtigten die Correctheit seines Stils und verleiteten ihn zu manchem unglücklichen Experimente. So ist sein Reim nach Form und Stellung zuweilen fehlerhaft, die Vertheilung der Hebungen (Accente) nicht immer richtig. Seine Strophen sind oft misslungen wegen unverhältnissmässiger Länge und unpassender Versmischungen. Am meisten aber wird die Wirkung seiner Verse geschwächt durch den Missbrauch der Inversionen.